LA SITUATION

DE

La Maçonnerie en Egypte

Le Rite Ecossais ancien et accepté

PAR

Le Comm. JOSEPH SAKAKINI Bey

Vice Président d'Honneur de l'Institut Philotechnique
etc. etc. etc.

ALEXANDRIE D'EGYPTE
TYPO-LITH. V. PENASSON, A. V. HORN SUCC.
1905

LA SITUATION

DE

La Maçonnerie en Egypte

Le Rite Ecossais ancien et accepté

PAR

Le Comm. JOSEPH SAKAKINI Bey

Vice Président d'Honneur de l'Institut Philotechnique

etc. etc. etc.

ALEXANDRIE D'EGYPTE

TYPO-LITH. V. PENASSON, A. V. HORN SUCC.

1905

SOMMAIRE

DOCUMENTS

A.·. L.·. G.·. D.·. G.·. A.·. D.·. L'U.·.

UNION - TOLÉRANCE - PROGRÈS

SUPRÊME CONS.·. CONFÉDÉRÉ DU 33e ET DERN.·. DEG.·.

DU RITE ÉCOSS.·. ANC.·. ACC.·.

POUR L'EGYPTE ET SES DÉPENDANCES

SIÈGE À ALEXANDRIE

N° 19

A TOUTES LES PUISS.·. MAÇ.·.

A toutes les R.·. R.·. Loges, Ateliers du Rite Ecossais ancien et accepté des Suprêmes Conseils du 33.·. et dernier degré basés sur les grandes Constitutions de 1786,

A tous les fff.·. des Ateliers réguliers de la Maçonnerie Universelle en activité dans la Vallée du Nil.

TRÈS-CHERS FFF.·. PRÉSIDENTS, VÉNÉRABLES MAÎTRES ET TTT.·. CCC.·. FFF.·.

Ce n'est pas à vous, mes fr.·., qu'il soit nécessaire de rappeler l'histoire de la Maçonnerie ; — sa marche, à partir de temps bien reculés, vers un but sublime : la fraternité des peuples, — l'égalité des hommes devant la loi, — la liberté pour tous, aspiration éternelle des peuples comme de l'individu. Vous tous connaissez l'action puissante de la Maçonnerie dans la Grande Révolution de 1789, qui aboutit à la Déclaration des Droits de l'Homme, — ses efforts sublimes dans la Révolution Italienne, qui aboutit au triomphe de la Libre Pensée dans Rome capitale d'Italie ; — vous tous connaissez encore l'action de la Maçonnerie pour le progrès de tous les pays, et de cette même terre hospitalière d'Egypte.

Mais il ne sera pas inutile de se demander : D'où lui est-elle venue cette force à la Maçonnerie ? Où l'a-t-elle puisée ?

Cette force lui est venue de la noblesse de ses aspirations, de ses buts, et — ne l'oublions pas — de sa cohésion, de l'union et la discipline de ses membres.

Or cette union, cette discipline, ne se sont-elles relâchées quelque peu dans la vallée du Nil ?

C'est ce que je vais examiner dans les quelques pages qui suivent, écrites sans la moindre idée de froisser qui que ce soit, et en prenant pour devise : *Honni soit qui mal y pense.*

*
* *

Le Suprême Conseil confédéré du 33.·. et dernier degré siège à Alexandrie n'a jamais cessé de démontrer les meilleurs et sincères sentiments de conciliation, en faisant appel à tous les Frères, possédant le 33• et dernier degré Ecossais réguliers, de s'unir, de ne former qu'un seul faisceau afin de faciliter à remplir la noble tâche qui incombe à notre Institution, à notre Rite qui est d'unir la Grande Famille dans la marche du progrès de la civilisation pour la paix et l'union des peuples.

Le Sup.·. Cons.·. est ennemi de la discorde, des luttes fratricides, qui nuisent non-seulement au progrès de l'ordre, mais aussi, au bien-être de la propre famille, aux intérêts vitaux d'un chacun, car c'est l'ensemble qui en souffre.

Il ne suffit pas d'être en bonnes relations hors du Temple ; c'est dans son enceinte que nous devons apprendre à nous aimer, à employer tous nos efforts à l'étude pour la recherche de la vérité, de la lumière, afin de la répandre dans le monde profane ; c'est dans le monde profane que nous recrutons nos adeptes pour les initier dans nos mystères et les associer à notre action ayant pour but et pour base la morale la plus pure, la plus sainte de toutes les vertus : l'Humanité. « Aime ton prochain comme toi-même ».

Notre Institution, je répète, a pour mission la libre recherche de la vérité à laquelle elle n'impose aucune limite : elle exige de tous la tolérance pour garantir cette liberté. Elle cultive le culte du beau, du vrai, la civilisation par la morale saine et pure ; aussi doit-elle éloigner de son enceinte tout acte, tout procédé qui nuise à l'ordre, car l'intérêt individuel et général en seront aussi lésés.

Je m'impose pourtant le devoir de faire la lumière sur la situation de la Maçonnerie en Egypte, afin que tout ceux qui y appartiennent soient à même de la connaître et marcher avec fermeté et courage dans la voie qui leur est tracée pour le bien de l'Ordre, de la Grande Famille.

En Egypte, comme aussi ailleurs, on se dispute la légitimité sans réfléchir aux conséquences ; écartant l'intérêt général de l'Ordre, certains même, peut-être entraînés soit par vanité ou par ignorance, se créent d'eux-mêmes des qualités, charges et dignités auxquelles ils n'ont pas droit et font naître la confusion, le schisme.

C'est très douloureux, car tout vrai et loyal Maçon doit se dédier au progrès de notre Institution, et ne point oublier que « *L'Union fait la force* » et que la paix, le bon ordre régnant, plus certain est le succès du but auquel nous visons. — Aussi, c'est bien pénible que certains n'aient point voulu le comprendre ; car, ils ne se trouveraient point aujourd'hui dans le cas de s'entendre déclarer que leurs agissements, esprit de discorde, imposent le devoir de faire mettre un terme à ce schisme, afin de rétablir l'ordre dans la vallée, en exposant ouvertement la vraie situation de la Maçonnerie en Egypte.

Suprême Conseil

présidé par l'Ill.·. Fr.·. Idris Bey Ragheb 96.·.

Ce prétendu Suprême Conseil Ecossais est *irrégulier* n'ayant aucune base Ecossaise.

1. Son président l'Ill.·. Fr.·. Idris Bey Ragheb 96.·. est le Grand Maître de la Gr.·. Loge du Caire, Gr.·. Loge qui avait été décrétée à l'Ecossisme, voir décret du 8 Mai 1876 N° 77 bis, et auquel elle n'a pas été installée.

2. L'Ill.·. Fr.·. Idris bey Ragheb 96.·. est le Grand Hiérophante, Grand Maître du Grand Orient Grand Sanctuaire du Rite Oriental de Memphis en base de l'abdication faite en sa faveur par l'Ill.·. fr.·. Oddi à qui l'ex-Grand Hiérophante S. A. Zola avait abdiqué ce même Pouvoir le 6 Avril 1883.

Dans ces conditions il n'est pas un Souverain Grand Commandeur d'un Suprême Conseil Ecossais.

3. Le prétendu Grand Orient National d'Egypte au Grand Collège des Rites est un *Corps irrégulier*. Il suffit de se rappeler les conséquences qui ont eu lieu pour ce Corps Grand Orient entre l'ill.·. Fr.·. Idris Bey Ragbeb 96.·. et l'ill.·. Fr.·. Oddi Président du Grand Orient National. — Il ne faut point perdre de vue, mais bien noter : — qu'à la réconciliation entre les susdits Frères, il a été formellement stipulé et par écrit que l'Ill.·. Fr.·. Idris Bey Ragheb 96.·. se limiterait à être Gr.·. Maître de la Grande Loge conformément au Concordat du 25 Mai 1879 passé avec celle-ci et l'Ex-Grand Hiérophante Solutore Avventore Zola — (*Documents existent*).

Que par cette réconciliation et convention ce prétendu Grand Orient au Collège des Rites est sans existence.

4. Que si même on voudrait admettre ce Grand Orient au Collège des Rites comme existant (il n'existe pas régulièrement), il ne peut être considéré ni admis Suprême Conseil Ecossais, attendu qu'il a copié ses hauts degrés de la Constitution du Grand Orient de France 16 Rue Cadet — Constitution qui appartient à ce dernier Pouvoir régulier pour la France et ses dépendances.

5. Que, quel que soit le cas, l'ill.·. Fr.·. Idris Bey Ragheb 96.·. n'a pas les qualités et conditions de s'intituler Souverain Grand Commandeur d'un Suprême Conseil Ecossais, puisqu'il ne peut exister de Sup.·. Cons.·. Ecossais contrairement aux lois qui régissent l'Ecossisme.

6. Que l'ill.·. Fr.·. Idris Bey Ragheb 96.·. ayant sollicité du Sup.·. Cons.·. de Belgique siégeant à Bruxelles d'être reconnu Suprême Conseil, sa demande n'a pu avoir bon accueil, car les arguments qu'il a présentés et soumis, sont contraires aux Statuts de l'Ecossisme, ayant copié ses hauts grades, comme déjà spécifié, sur la Constitution du Grand Orient de France 16 Rue Cadet, Paris.

7. Que le Grand Hiérophantat Grande Maîtrise du Grand Orient National du Grand Sanctuaire du Rite de Memphis et la Grande Maitrise de la Grande Loge Nationale, ces deux Hautes Dignités même si englobées ensemble, ne lui permettent point d'avoir droit de se prévaloir des Statuts de 1873 (S.A. Zola) car ces Statuts sont nuls et non avenus par le décret du 8 Mai 1876 (77 bis).

8. Que ce décret du 8 Mai 1876, annulle non-seulement ces Statuts de 1873, mais tout spécialement encore il annulle tous les privilèges qui existaient dans le Grand Orient d'Egypte — car il y est clairement et expressément précisé, que le Grand Orient retourne, est re-

porté à son état primitif de son origine et dans son berceau — *Grand Orient National d'Egypte, Suprême Conseil des Patriarches Grands Conservateurs de l'ordre du Rite Oriental de Memphis*, soit dans les mêmes limites de la séance et décision du 21 Mars 1873, à laquelle a été élu proclamé Solutore Avventore Zola *Grand Maître du Grand Orient National d'Egypte Sanctuaire de Memphis*. (Voir *Memfi Risorta*, 6 Avril 1883, page 13).

Que dans ces conditions encore l'ill.·. Fr.·. Idris Bey Ragheb 96.·. ne peut se prévaloir des dits statuts et doit se limiter à être Grand Hiérophante Grand Maître du Sanctuaire de Memphis Grand Orient National d'Egypte et Grand Maitre de la Grande Loge du Caire.

(Nota). Aux congrès de Paris 1900, Genève 1902, Bruxelles 1904, la Gr.·. Loge du Caire y a été représentée mais il n'y a pas eu de Gr.·. Or.·. ni de Sup.·. Cons.·. présidé par lui: — le seul Sup.·. Cons.·. Ecoss.·. régulier qui a pris part aux dits congrès c'est celui d'Alexandrie.

9. Que dans ces conditions le Sup.·. Conseil du Caire présidé par le susdit ill.·. Fr.·. ne peut être admis dans la Confédération comme Pouvoir Ecossais, car non seulement il n'a aucun droit de professer l'Ecossisme dans les deux Corps qu'il préside soit Gr.·. Loge et Gr.·. Hiérophante, mais il est contraire aux conditions des Grandes Constitutions de 1786 et n'a aucune des conditions reconnues admissibles par les Suprêmes Conseils confédérés au Couvent de Lausanne.

10. Il ne faut pas perdre de vue que le Grand Orient d'Egypte s'est trouvé déjà dans les mêmes conditions que celles actuellement de l'ill.·. Fr.·. Idris Bey Ragheb 96.·. et que le Tr.·. Ill.·. T.·. Puiss.·. regretté A. Pike Puiss.·. Souverain Grand Commandeur du Suprême Conseil du Sud de l'Amérique siège à Charleston, (mère de tous les Sup.·. Conseils Ecossais) n'a pas reconnu la Constitution de 1873 Pouvoir Ecossais.

Il résulte donc, d'après cet exposé et la situation de l'Ill.·. Fr.·. Ragheb 96.·. qu'il n'est pas Suprême Cons.·. Ecossais et n'a aucun droit de s'intituler Souv.·. Gr.·. Comm.·. d'un Rite qu'il ne possède pas.

Suprême Conseil

présidé par l'Ill.·. Fr.·. Onofrio Abbate Pacha 33.·.

créé postérieurement suivant déclaration faite à la Cour d'Appel mixte (arrêt du 10 Avril 1902), par Lusena Bey avocat, en base d'une Patente du Suprême Conseil d'Espagne du Président Juan Antonio Perez Ricardo datée du 31 Décembre 1875.

Ce Suprême Conseil prétendu régulier est *irrégulier* et l'ill.·. fr.·. Juan A. Perez lui-même reconnaissait exister déjà un Sup.·. Conseil Ecossais en Egypte siégeant à Alexandrie (*le document original signé par Juan A. Perez 32°.·. 6 Juin 1875 est déposé au sup.·. Con.·. de Belgique.*)

La Patente délivrée par l'ill.·. fr.·. Juan A. Perez au Grand Orient d'Egypte en Janvier 1876 datée du 31 Décembre 1875 a été envoyée en même temps que des diplômes de 33•, qui ont été demandés par les Membres du Grand Orient, qui tout en étant Memphitiques se disaient Ecossais.

La dite Patente et les diplômes sont *irréguliers* émanant d'un Pouvoir *irrégulier* non reconnu par les Suprêmes Conseils du Sud & Nord de l'Amérique ainsi que par la Confédération.

Au Couvent de Lausanne en 1875 on n'a pu établir la légitimité d'un Sup.·. Cons.·. en Espagne ; plusieurs Corps se disputaient la légitimité et l'on n'était pas certain de la régularité des membres 33.·. du Suprême Conseil qui auraient fait instance pour être admis dans la Confédération. (Voir Compte-rendu des Travaux du Couvent des Sup.·. Cons.·. réunis à Lausanne en 1875, IVe séance du 11 Septembre et Xme séance du 21 Septembre 1875.)

Le Sup.·. Cons.·. d'Espagne Juan A. Perez Ricardo par sa lettre Patente du 11 Juin 1900 a nommé son grand représentant en Egypte le fr.·. Joseph Sakakini Bey, Grand Secrétaire ; cette nomination précise : *près du Suprême Conseil du 33e et dernier degré du Rite Ecossais ancien et accepté pour l'Egypte et ses dépendances siège à Alexandrie.* — Ceci donc serait une preuve que le dit Suprême Conseil Juan A. Perez reconnaît Alexandrie *et non le Caire.*

Le Suprême Conseil de Belgique a aussi déclaré que ce pouvoir est irrégulier: la dite nomination en original a été déposée par le fr.·. Sakakini au Sup.·. Cons.·. à Bruxelles aux fins que de droit — c'est-à-dire exister encore une attestation que le Suprême Conseil d'Espagne présidé par Juan A. Perez ne reconnaît pas le Suprême Conseil au Caire, mais bien *celui d'Alexandrie.*—

Des preuves abondantes existent pour conclure à l'irrégularite du Suprême Conseil d'Espagne présidé par Juan A. Perez ainsi que des doutes sur sa régularité personnelle de 33e régulier en Espagne en 1875:

Nous citons:

Que: à l'assemblée générale du Sup.·. Cons.·. du North Jurisdiction d'Amérique tenue le 21 Septembre 1880 la régularité du Sup.·. Cons.·. Juan A. Perez a été discutée et le Sup.·. Cons.·. a, en pleine séance, déclaré que ce Sup.·. Con.·. A. Perez est *irrégulier* et que les Ill.·. Frères *Granja* et *Manfredi* n'avaient aucun droit de conférer le 33e dernier degré ni d'établir le Sup.·. Cons.·. Juan A. Perez, — d'autant plus que l'Ill.·. fr.·. Edward de la Granja Sublime Prince du

Royal Secret 32° degré n'avait que la simple mission de s'assurer de la situation de la Maçonnerie en Espagne et d'en faire son rapport au Sup.·. Conseil du Nord de l'Amérique. — (Voir Bulletin, Part III, page 477 - Vol. IV, n° 2).

En outre : il est déclaré que l'ill.·. fr.·. Miguel Garcia Manfredi 33.·. régulier S.·. G.·. I.·. G.·. du Sup.·. Cons.·. de Colon (Cuba) a conféré le 33e et dernier degré à Juan A. Perez le 14 Juin 1879 ; — que ce n'est qu'à cette date seulement que le Sup.·. Cons.·. Juan A. Perez aurait été créé par lui Manfredi dans les conditions suivantes.

(Voir Vol. IV N° 2, page 491, Bulletin du Sup.·. Cons.·. du Sud de l'Amérique.)

Le S.·. G.·. I.·. G.·. Miguel Garcia Manfredi régulier 33.·. comme mentionné, par une circulaire a communiqué à tous les Suprêmes Conseils de la Confédération et tout spécialement ceux de l'Amérique *du Sud* et *du Nord*, que :

Ayant transféré sa résidence de Colon à Madrid où il s'y établit, il a constaté qu'il n'existe pas en Espagne de Suprême Conseil régulier, créé et fondé sur les Grandes Constitutions de 1786 ; qu'il a procédé à la formation et installation d'un Suprême Conseil en Espagne de la manière suivante :

1° Il a conféré le 33.·. degré à Juan A. Perez;
les deux (soit lui et Perez) à Joseph Leonard
les trois à Pedro Pablo Castanera
les quatre à Francisco Tejedor
les cinq à Marcial Taboada
les six à Eduardo de la Granja
les sept à Federico Camacha, et
les huit à Elie Marciano Marcoartù.

Après avoir procédé à l'installation du Sup.·. Cons.·. il a été proclamé Puiss.·. Souv.·. Grand Commandeur ad vitam ; qu'en conformité de ses pouvoirs et sa santé ne lui permettant pas de présider le Sup.·. Cons.·., il recommandait l'ill.·. Juan A. Perez pour le remplacer, proposant que cette élection serait pour une année qui aurait terme le 14 Juin 1880.

Signature de Miguel Manfredi 33.·.
» de José Leonard Gr.·. Secr.·.
et celle de Juan A. Perez S.·. G.·. Com.·. Elu.

Par ce document qui est officiel il résulte que l'Ill.·. fr.·. Juan A. Perez n'a été 33° qu'à la date du 14 Juin 1879 et Souv.·. Gr.·. Comm.·., à cette même date.

Nous demandons alors quelle valeur a cette Patente du 31 Décembre 1875. A noter en outre que malgré la circulaire de l'Ill.·. fr.·. Manfredi 33.·. et la lettre de l'ill.·. fr.·. E. De La Granja à ce sujet, adressée à tous les Sup.·. Cons.·., les Sup.·. Cons.·. d'Amérique ont déclaré *le tout irrégulier et le Sup.·. Cons.·. A. Perez par conséquent irrégulier en 1879.* — Peut-il être régulier en 1875???

Le Fr.·. E. De La Granja notait dans sa lettre du 8 Septembre 1880 E.·. V.·. adressée au Très Ill.·. T.·. Puiss.·. Henry L. Palmer 33.·. Puiss.·. Souv.·. G.·. Comm.·. du North of America, qu'il y avait encore schisme en Espagne.

(Page 496. — Le nota bene (a) c'est le Sup.·. Cons.·. du Senor Mateo Praxedes Sagasta, qui était plutôt un Corps Maçonnique qui s'intitulait Grand Orient, et le *Sup.·. Cons.·. Ecossais anc.·. acc.·. y était compris :* à cette époque il y avait quatre et cinq Corps Maçonniques qui se disputaient le Pouvoir).

Il résulte clairement que la circulaire de l'ill.·. Fr.·. Manfredi n'a pas eu bon accueil et qu'il existait en Espagne 4 et 5 Pouvoirs se disputant la légitimité.

Si la Patente Juan A. Perez du 31 Déc. 1875 était régulière ; cette procédure de l'Ill.·. Fr.·. Manfredi prouve que Juan A. Perez et son Sup.·. Cons.·. ne *l'étaient pas*: Si la procédure du 14 Juin 1879 était régulière, le Sup.·. Cons.·. Juan A. Perez ne serait alors régulier qu'à cette dernière date.

Malheureusement pour certains le Sup.·. Cons.·. Juan A. Perez est *encore déclaré irrégulier en pleine assemblée générale à Boston le 21 Sept. 1880 par le Suprême Cons.·. du North of America, — donc la patente de 1875 émane d'un Pouvoir irrégulier.*

Nous voulons encore édifier nos très-chers frères sur l'irrégularité de ce Pouvoir en 1875, en 1880 et encore en 1881.

Il est constaté que le Sup.·. Cons.·. Juan A. Perez est *irrégulier*, — et voulant même admettre qu'il aurait été régulier il s'est détruit de lui même, voir:

En 1881 la Maçonnerie Espagnole toujours divisée à cause des partis politiques.

Le Sup.·. Cons.·. fondé par le Fr.·. Juan A. Perez et celui créé par les FFr.·. Geronimo Couder (Nephtali) et Jacobo Oreiro (Gravina) se sont réunis pour ne former qu'une seule et même autorité. Ce nouveau Suprême Conseil a été solennellement installé le 14 Septembre 1881.

Le Fr.·. Juan A. Perez (Ricardo) a été nommé Lieutenant Grand Commandeur et le Fr.·. Panzano y Almirall (Caton de Utica) a été proclamé Grand Commandeur.

Ce nouveau Corps maçonnique a annulé les décrets par lesquels le Suprême Conseil Perez avait adhéré aux décisions prises par les Sup.·. Cons.·. confédérés et demandé à être reconnu comme membre de la Confédération.

Raisonnement: Si le Suprême Conseil Juan A. Perez aurait été régulier et reconnu par la Confédération, il aurait été le chef Suprême, souverain absolu du Rite Ecoss.·. dans la juridiction territoriale de l'Espagne et dépendances; les Suprêmes Conseils confédérés lui auraient reconnu ses droits et soutenu sa légitimité.

Le Sup.·. Cons.·. Juan A. Perez en s'alliant à celui susmentionné, et ayant accepté l'annulation des décrets de son Sup.·. Cons.·. par le nouveau présidé par le Fr.·. Panzano y Almirall, a non-seulement détruit son œuvre, ses bonnes intentions, mais il s'est rayé de lui-même du Rôle des Corps Maçonniques en Espagne qui se disputaient le Pouvoir.

Après cet exposé et la déclaration du 21 Sept. 1880 à l'assemblée générale à Boston du Puiss.·. Sup.·. Cons.·. du North of America et la déclaration du Puissant Suprême Conseil de Belgique encore tout récemment en cette même année le Sup.·. Conseil Juan A. Perez *est irrégulier;* par conséquent il est etabli que le Sup.·. Con.·. du Caire présidé par le T.·. ill.·. Fr.·. Dr Onofrio Abbate Pacha basé sur Patente du dit Juan A. Perez est irrégulier.

Note. — L'Ill.·. f.·. Abbate Pacha a été élevé au 33.·. par le S.·. C.·. d'Alexandrie sous la Présidence D. Sciarrone en 1871.

Patente du Sup.·. Conseil de Palerme.

Il est notoire que la demande présentée par le Sup.·. Cons.·. de Palerme aux Suprêmes Conseils réunis au Couvent de Lausanne en 1875 pour y être admis, a été rejetée; à l'unanimité la Commission n'a pas reconnu cette autorité siégeant à Palerme (voir 2me Séance du 7 Septembre 1875).

Il suffit de dire que Palerme est une Puissance irrégulière en 1875 non Suprême Cons.·. Ecoss.·.; elle a été en 1876 seulement Section du Sup.·. Cons.·. d'Italie siège alors à Turin.

Les pouvoirs qu'avait Palerme émanent d'un Pouvoir irrégulier (spurious) Sup.·. Cons.·. de la Nouvelle Louisiane dont le Président était Jacques Fulhouze, — qui avait sa Patente du Grand Chapitre du Grand Orient de France.

Le f.·. Jacques Fulhouze et les membres du Sup.·. Cons.·. avec lui se sont dissous et s'étaient soumis au Sup.·. Cons.·. de Charleston.

Les fff.·. de Palerme détenteurs de Patentes du 33e et dernier degré émanant de la Louisiane étaient irréguliers 33.·. Ecossais — et celles de Palerme, délivrées aux fff.·. d'Egypte sont nulles car cette Autorité, comme dit, n'a pas été reconnue par le Convent en 1875.

Palerme ne pouvait pas être en relations d'amitié en 1871 avec le Grand Orient d'Egypte, ce n'est qu'en 1873 que ce dernier Pouvoir a été organisé. Palerme *n'a pas délivré de Patente au Sup.·. Conseil d'Egypte en 1871, ceci est prouvé par des documents déposés aux Suprêmes Conseils de Belgique et de France.* — (Le mémorandum Scarozza et Consorts est reconnu être mensonger et cela a été prouvé).

Du reste, Palerme n'a jamais voulu créer un Suprême Conseil en Egypte ; la patente que ce corps *irrégulier* a délivrée à fr.·. Scarozza en 1876 et dont le grattage de la date de la Patente a été constaté (voir procès Zola au Tribunal Mixte) ainsi que la correspondance du f.·. Scarozza même le prouvent abondamment. — (A ce sujet s'assurer auprès des Suprêmes Conseils de Belgique et de France et au Grand Secrétariat d'Alexandrie).

Le Suprême Conseil régulier est à Alexandrie et possède des documents qui le prouvent ; qui voudra s'en assurer n'a qu'à se présenter au Grand Secrétariat d'Alexandrie.

Par conséquent il est dans l'intérêt de certains, de ne point soulever des questions — pour le moment je passe sous silence bien des choses ; il y a des fff.·. qui sont décédés pour lesquels nous devons respecter la mémoire. (Les Sup.·. Cons.·. de Belgique et de France sont édifiés par des documents qui sont déposés dans leurs archives).

Suprême Conseil d'Alexandrie.

C'est le seul Suprême Conseil régulier qui a été fondé avec Patente de 1864 délivrée par le Sup.·. Cons.·. régulier de Naples, Valle del Sebeto.

Ce Suprême Cons.·. a fait imprimer les statuts le 7 Novembre 1871, l'année même que Naples a fait le traité d'alliance avec Turin.

Le Suprême Cons.·. d'Italie siégeant à Turin était présidé par le Tr.·. Ill.·. T.·. Puiss.·. Gr.·. Comm.·. Alexandre De Miblitz et celui de Naples par le Tr.·. Ill.·. T.·. Puiss.·. Souv.·. Gr.·. Comm.·. Domenico Angherà.

Les documents officiels ont été déposés aux Sup.·. Cons.·. de Belgique et de France.

C'est le Sup.·. Cons.·. d'Alexandrie (dont les statuts de 1871 ont été mis en vigueur) que le Sup.·. Cons.·. d'Italie siège à Turin a légalisé et fait reconnaître par le Puiss.·. Suprême Conseil de Charleston, car le Suprême Conseil d'Alexandrie avait été fondé par une Patente de Naples alliée avec Turin dès 1871.

Naples et Turin ont traité en Pouvoirs Suprêmes Conseils réguliers, — et ce qui a été légalisé par Turin c'est ce qui existait et avait été fondé en 1871 par la Patente de Naples et non d'autres pouvoirs irréguliers, qui n'avaient pas délivré de Patente en 1871. — ....???......

C'est la Patente de 1864 qui a servi en 1875 à consolider la Pyramide Maçonnique d'Egypte, — par son traité d'alliance daté du 1er Août 1875. —

C'est la Patente de 1864 qui est la Base de l'Ecossisme en Egypte siège à Alexandrie: c'est à la suite de l'alliance susmentionnée avec l'Ecossisme que le T.·.

Ill.·. F.·. Ralph Borg regretté député grand Maître de la Gr.·. Loge d'Angleterre a fait reconnaître les trois degrés symboliques par la Gr.·. Loge d'Angleterre — convention signée par lui et Zola le 15 Décembre 1875 en triplicata.

Etant donné et officiellement établi que c'est à la date du 15 Décembre 1875 que cette convention a été signée, toute prétention de légitimité à la Patente de l'Espagne en date du 31 Décembre 1875 est illégale d'autant plus qu'elle émane d'un pouvoir irrégulier.

Le Grand Secrétaire est à la disposition de tous les Frères pour leur donner les preuves les plus édifiantes sur ce qu'exposé.

La majorité des Suprêmes Conseils confédérés s'est déjà prononcée sur la *légitimité* du Sup.·. *Conseil d'Alexandrie*, les garants d'amitié et représentants nommés sont des preuves encore des plus convaincantes.

Les Puiss.·. Sup.·. Conseils de Belgique et de France se sont déjà prononcés sur l'irrégulier Sup.·. Conseil de l'ill.·. fr.·. Idris Ragheb 96.·. et sur celui présidé par l'ill.·. Fr.·. Abbate Pacha 33.·. basé sur la Patente irrégulière de Juan A. Perez, ainsi que les Etats-Unis d'Amérique et autres Puiss.·. Sup.·. Conseils.

Ces faits exposés, documentés, ont pour but de faire de la lumière sur la situation de la Maçonnerie en Egypte ; afin que les frères Maçons puissent la connaître exactement et détruire des erreurs qui se sont glissées dans certains annuaires.

C'était un devoir à remplir d'autant plus que les sentiments du Suprême Conseil ont été toujours pour la paix, la conciliation, l'union de tous les frères sans distinction ; d'autre part en les renseignant il sera possible de mettre un terme à ce schisme, désunion provoquée par certains intrus qui s'écartent des devoirs fraternels

oubliant que la prospérité, le progrès de l'ordre et le but auquel vise l'institution ne peut être atteint que par l'union, le respect des règlements et statuts généraux.

En attendant, avec les meilleurs souhaits pour le progrès de vos ateliers et le bien-être de tous les frères qui en font partie,

Recevez les saluts les plus fraternels.

J. SAKAKINI,

Grand∴ Secr∴ Gen∴ Gr∴ G∴ des Sc∴

Alexandrie, le 1er Octobre 1905 E∴ V∴

Nota. — J'ai porté le tablier de peau d'agneau sans tâche ; je porte aujourd'hui le ruban blanc sans souillure, ma carrière de maçon et d'homme arrive à son déclin, je puis la revivre sans crainte toute entière sans me reprocher une chose indigne de moi et du rang que mes Fr∴ m'ont donné ; je dois à moi-même d'encourager mes fr∴ dans l'amour du prochain, d'y grandir mes enfants et de les élever en disciples de la vérité pour le bien de l'Institution qui est toute à l'*Humanité.*

Mon désir, mon vœu le plus sincère c'est l'union, pour le bien des peuples, des nations, car nous appartenons tous à la grande Famille Humaine et ce que je me souhaite comme à tout homme né qui a un cœur qui bat pour ses semblables, c'est, qu'au moment d'être appelé à la Nouvelle Initiation incommensurable, je puisse porter dans son immensité, sans regret, le sourire sur les lèvres et y lire, la paix dans l'âme, l'épitaphe du repos :

« *Vixi, et quem dederat cursum fortuna, peregi* ».

« *J'ai vécu et ce que la fortune m'a permis de faire je l'ai accompli* ».

« *I have lived, and what course fortune permitted me, I have accomplished* ». J. S.

LES DOCUMENTS

Les statuts de 1873 sur lesquels croit se baser le fr.·. Idris Bey Ragheb pour être Sup.·. Cons.·. Ecoss.·. sont les mêmes qui ont été envoyés par Zola et Oddi au Sup.·. Cons.·. du Southern Juridiction des Etats-Unis d'Amérique. — Ce Sup.·. Cons.·. qui est la mère des Sup.·. Cons.·. du Rite Ecoss.·. anc.·. et acc.·. s'est déjà prononcé contre cette constitution des statuts 1873 qui est contraire aux Grandes Constitutions de 1786 et du Rite Ecoss.·. anc.·. et acc.·.

Voir page 216. de l'*Official Bulletin of the S.·. C.·. for the South.·. Juridiction*. Volume III, n° 1 :

En parlant des statuts :

« Thus this is not a Power of the ancient and accepted « Scottish Rite; and is not recognized by the Supreme « Council of the Southern Juridiction ».

Voir pages 218, 219 : Lettre de Washington 3 Avril 1876 du Tr.·. Ill.·. T.·. Puiss.·. Souv.·. Gr.·. Comm.·. le regretté Fr.·. General A. Pike, à Solutore Avventore Zola.

« Your Grand Orient, therefore, is essentially and formally a Supreme Power of the Oriental Rite of Memphis, with Powers of which Rite we have no correspondence. We can recognize as Supreme Powers of the ancient and accepted Scottish Rite (not even named in yours constitutions) only the Supreme Councils of 33d degree, legitimate and regular; and while conceding your power over the degrees of the Oriental Rite of Memphis, we cannot concede it over the degrees of the ancient and accepted Scottish Rite nor that one power can govern both, nor a General Assembly legislate for the latter, nor any person be by your

Authority legally invested with the degrees of the ancient and accepted Scottish Rite.

Averse to altercations in regard to Rites, we therefore did not enter into communication with tho Gr.·. Body over which you preside. Your fraternal letter demands of us a fraternally reply, and we make it, willing that you shall pursue your own path in peace, while we pursue ours; and as no offence is meant, we hope you will take none, at our expression of regret that you are not a legitimate Power of the ancient and accepted Scottish Rite, but of another which, confined to a few locations, is not recognized in this country as a legitimate Rite, and is here of no value to its possessors. Its origin and history are known to us, and the efforts to establish it here have been always failures. Even the Rite of Mizraim has never succeeded in firmly establishing itself; and you will find that your Grand Orient will not obtain récognition as a lawful Masonic Power from the Supreme Councils, Grand Orients or Grand Lodges of the World.

Accept assurances of my fraternal regard and esteem, and of my regret that I cannot advise our Supreme Council to establish with your Gr.·. Orient relations of correspondence.

Sov.·. Gr.·. Commander ALBERT PIKE 33d. »

C'est la réponse du Souv.·. Gr.·. Commandeur le Tr.·. Ill.·. T.·. Puiss.·. A. Pike du Sup.·. Cons.·. siège à Charleston.

Le f.·. Idris Bey Ragheb se trouve dans des conditions encore moins légales pour être Sup.·. Cons.·. Ecoss.·.; car, ce Rite ne lui a été accordé par aucun Sup.·. Cons.·. Ecoss.·. anc.·. et acc.·. et n'est, comme dit, que: Grand Maître de la Grande Loge du Caire, Grand Hiérophante du Rite de Memphis — et pour son Gr.·. Or.·. au Collège des Rites (clandestin) il a copié les hauts grades sur la Constitution du Grand Orient de France.

L'irrégularrité de son prétendu S.·. C.·. *est établie*

par la décision déjà prononcée dans la lettre susmentionnée, et les Corps qu'il préside ne sont pas des Corps Maçonniques basés sur les Grandes Constitutions de 1786.

La même décision prononcée contre les statuts Zola *lui est applicable incontestablement.*

Par le décret ci-après l'on est édifié que le S.·. C.·. Juan A. Perez n'était pas régulier en 1875 et que le fr.·. Juan A. Perez aurait été élevé au 33me degré du Rite Ecossais ensemble avec le fr.·. E. de la Granja 32° le 14 Juin 1879 seulement.

Extrait du *Bulletin of Southern Jurisdiction*, Vol. IV, N° 2, page 491.

SUPREME COUNCIL OF THE SOV.·. G.·. I.·. G.·. OF THE 33^{d} AND LAST DEGREE OF THE A.·. A.·. S.·. R.·. FOR THE JUR.·. OF SPAIN.

From the Grand East of Madrid, under the C.·. C.·. of the Z.·. near the B.·. B.·. situated at 4° 25′ 30″ N.·. L.·. of the Meridian of Madrid, this 26th day of the Hebrew month Hesvan, of the year 5640, corresponding to the 10th day of November 1879, V.·. E.·.

To all the Sup.·. Councils of SS.·. GG.·. II.·. GG.·. of the 33d and Last Degree of the A.·. A.·. S.·. R.·. and very especially to the Sup.·. Coun.·. for the Nor.·. Mas.·. Jur.·. U.·. S.·. of America.

HEALTH, STABILITY, POWER.

BE IT KNOWN, that we, Miguel Garcia Manfredi, having received legally and in due and regular form the 33d and Last Degree of the A.·. A.·. S.·. R.·. in Colon, Mas.·. Jur.·. of Cuba and the West India Islands, on the 13th day of July, 1869, in which I was proclaimed S.·. G.·. I.·. G.·., having translated my residence to this valley of Madrid, and finding that in

Spain did not exist any S.·. C.·. of regular, constitutional, and legal formation, I, on the 14th day of June last, proceeded to formation and installation of a S.·. C.·. for the Mas.·. Jur.·. of Spain, in accordance with the Grand Constitution of 1786, in the following manner: 1st I conferred the 33d and Last Degree on

Ill.·. Bro.·.	Juan Antonio Perez;	the two on
	José Leonard;	the three on
	Pedro Pablo Castanera;	the four on
	Francisco Tejedor;	the five on
	Marcial Tabaoda;	the six on
	Eduardo de la Granja;	the seven on
	Frederico Camacha;	the eight elected
	Mariano Marcoartù,	

who was not present, thereby completing the constitutional number of nine active SS.·. GG.·. II.·. GG.·. to constitute the S.·. C.·. for the Mas.·. J.·. of Spain.

Having consecrated all the above SS.·. GG.·. II.·. GG.·. and being proclamed M.·. P.·. S.·. G.·. C.·. *ad vitam,* I ordered the election of officers for this S.·. C.·., which, being verified, I proceeded to install the newly—elected dignitaries in their respective offices; and the Ill.·. G.·. M.·. Gen.·. of C.·., in fulfillment of my orders, proclaimed Ill.·. Bro.·. Pedro Pablo Castanera, Gr.·. Comm.·., Marcial Taboada, Gr.·. Min.·. of S.·.; Francisco Tejedor, Treas.·.; Edwardo de la Granja, Gr.·. Mast.·. of C.·.; Federico Camacha, Gr.·. Cap.·. of the G.·., and José Leonard, Gr.·. Sec.·.; leaving vacant the office of L.·. Gr.·. Comm.·., reserved to the Ill.·. Mariano Marcoartù in attention to his great merit and especial circumstances.

After a solemn proclamation I declared the Sup.·. Coun.·. of SS.·. GG.·. II.·. GG.·. GGr.·. CC.·. of the H.·. H.·. of the Temple GG.·. CCom.·. of the H.·. E.·. of the XXXIII, and Last Degree of the A.·. A.·. S.·. R.·. for the Mas.·. Jur.·. of Spain, duly and legally established, organized, and constituted, on the fourteenth day of June, of the year one thousand eight hundred and seventy-nine of the Vulgar Era, with fixed See in Madrid. Manifesting that precarious state of my health did not allow me to occupy the high position of M.·. P.·. S.·. G.·. Com.·. of the S.·. C.·.of Spain, which, by constitutional right, I came to possess, I renounced the same, recommending at the same time to the S.·. C.·. the election of M.·. P.·. Bro.·. Juan Antonio Perez for the term of one year, which will terminate on the 14th of June 1880, this election being a recognition of his Great Mas.·. Services, and a guarantee for the future good work of the Order in Spain. The S.·. C.·., complying with my request, elected unanimously Ill.·. Bro.·. Juan Antonio Perez, M.·. P.·. S.·. Gr.·. Com.·. into which position he was duly installed by me. The S.·. C.·. adopted the Gr.·. Seal which is affixed against our signature.

The whole of which we have the honour to communicate to your S.·. C.·. kindly and fraternally saluting the MM.·. PP.·. SS.·. GG.·. II.·. GG.·. membres thereof, from this East of Madrid, the 15th day of the Hebrew month Hesvan, 5640, corresponding to the 30th of October 1879 V.·. E.·.

Deus meumque Jus.

(G. Seal) MIGUEL MANFREDI, 33°,
P.·. M.·. P.·. S.·. Gr.·. Com.·.

Nota. — Par la procédure ci-haut *in extenso* extraite du Bulletin du S.·. C.·. de l'Amérique du Sud où reside la mère des S.·. Cons.·. du Rite Ecoss.·. anc.·. et accepté, il résulte que le S.·. C.·. du fr.·. Juan A. Perez n'a été installé que le 14 Juin 1879 et que c'est à cette même date que Juan A. Perez a été élevé au 33e.·. dégré — (donc irrégulier en 1875 ! . . . !!!)

Par ce qui précède :

Est-il régulier ce S.·.C.·. le 14 Juin 1879?

Est-il régulier 33.·. Juan A. Perez?

Est-il régulier 33.·. E. de la Granja 32.·.?

Avait-on pouvoirs d'installer ce Sup.·. Cons.·.? et de qui doivent émaner les pouvoirs ?

N'y avait-il pas d'autres Suprêmes Conseils en Espagne ? — Combien de S.·. C.·. se disputaient la légitimité ?

Réponse : Il y en avait 4 et 5 — Sagasta, Geronimo Couder, Oreira Gravina, etc.

Ce qui suit prouve que la procédure de l'Ill.·. fr.·. Miguel Garcia Manfredi par son décret communiqué aux Suprêmes Conseils à la date du 10 Novembre 1879 E.·. V.·. est *nulle* et que le S.·. C.·. Juan A. Perez est irrégulier.

Extrait du *Bulletin of Southern Juridiction*, Mère des Suprêmes Conseils Ecossais ancien et accepté. — Voir page 477, Vol. IV, N° 2, Part III, Foreign.

NORTHERN JURISDICTON U. S. A.

The Supreme Council for the Northern Jurisdiction of the United States held its session of 1880 at Boston, on the 21st of September, Bro.·. Henry L. Palmer presiding, and a large number of Active, Emeriti, and Honorary Members present.

The Great Commander discussed the condition of affairs in Spain, and the re-creation of the Perez Council by Bros.·. La Granja and Manfredi, and protested against the action of that Body in conferring the 33d Degree on the former, and its election to that degree of a citizen of Massachusetts, on whom it was conferred in mid-ocean.

The Supreme Council decided not to recognize the Body as a lawful Supreme Council ; but unanimously adopted the following report of a Special Committee.

RESOLVED, That this Supreme Council, neither by itself nor by its Sovereign Grand Commander, has at any time authorized any person whatever to organize or etablish a Supreme Council in the Kingdom of Spain, but only empowered Edward de la Granja, a Sublime Prince of the Royal

Secret 32d Degree, of this Jurisdiction " to inquire into and report to us the condition of Free-Masonry in Spain " and if any further acts than such inquiry were performed by him, they were without our knowledge or subsequent approval.

RESOLVED, That the conclusions of the Sovereign Grand Commander in reference to Spain, contained in his annual address at this session, be approved, and that from the information thus far received this Supreme Council does not recognize the Supreme Council of Madrid, Spain, of which Juan A. Perez, claims to be Sovereign Grand Commander, as a legal Massonic Body.

Nota. — Il est clair et précis, d'après cette décision du Sup.·. Cons.·. du North of America qui avait seul le droit de se prononcer sur la régularité de la procédure Granja et Manfredi, que : le Sup.·. Cons.·. Juan A. Perez n'est pas régulier en 1880, à plus forte raison irrégulier en 1875.

Nous relevons encore dans le même Bulletin Vol. IV N° 2 — page 667, Supplement to Part III, que le Suprême Cons.·. de Belgique s'est uni aux Conclusions du S.·. C.·. du Northern Jurisdiction au sujet de l'Espagne.

(*Nota*) Le S.·. C.·. de la Suisse ayant prêté foi à la régularité du S.·. C.·. de Juan A. Perez, avait fait des démarches pour le déclarer régulier — sans s'assurer de la controverse.— Malheureusement le S.·. C.·. Juan A. Perez est déclaré irrégulier par les SS.·. CC.·. compétents — sur ce qui avait été fait et procédé pour le S.·. C.·. Juan A. Perez par E. de la Granja et G. Manfredi.

Voir page 667, South.·. Jurisd.·.

Extracts from Transactions of from November 1878, to November 1879, p. 59

The Sup.·. Council after considering the report presented by the Sec.·. Gen.·., the information furnished by Br.·. Roffiaen, Representative of the Sup.·. Coun.·. of Turin, and on the conclusions of the B.·. Orat.·., declares not to recognize the decree issued the 18th March 1879, by the Sup.·. Coun.·. for Switzerland, on the occasion of the disagreements occurring between the Sup.·. Coun.·. of Turin and the Roman Centre. It is contrary to the dispositions of the Treaty of Union in 1875.

Nota.— Le *Sup.·. Cons.·. Juan A. Perez croyant de pouvoir être reconnu régulier* par les SS.·. CC.·. a adressé une lettre à tous les SS.·. CC.·. — *Nous extrayons ce qui suit au sujet du prétendu S.·. C.·. page 668.—South. Juris.·.*

Letter of Bro.·. Juan A. Perez, of the date of 25th August 1879. He notifies us that the Sup.·. Coun.·. which he has directed, having had doubts of its regularity, has spontaneously dissolved to reconstitute itself immediately afterward in conformity itself to the prescriptions of the Grand Constitutions of 1786. Bro.·. Eduardo de la Granja 33d, furnished with full powers by Bro.·. Josiah H. Drummond, Gr.·. Com.·. for the Northern Jurisdiction of the United States of America, has made an investigation on the condition of regularity of the Bodies of the anc.·. and acc.·. Scott.·. Rite in Spain. He then gave himself as co-adjutor Bro.·. G. Manfredi 33d a member of the Sup.·. Coun.·. of Colon, to consecrate and constitute seven Gr.·. Insp.·. Gen.·. and to form with them a Sup.·. Coun.·. of the 33d and last degree of the anc.·. and acc.·. Scott.·. Rite for Spain. It was solemnly, duly, legally established, organized, and constituted in the city of Madrid, the 14th June 1879.

Signé par Juan Antonio Perez 33d.

Nota Donc, Juan A. Perez lui-même, condamne la Patente du 31 Décembre 1875; il se déclare constitué en 1879 comme S.·. C.·. car il doutait de sa régularité au 14 Juin 1879.

Continuons page 669. — (Belgique qui écrit):

In notifying us of its definitive constitution, the Sup.·. Coun.·. of Spain invites us to enter into relations of friendship and correspondence with it, and to consecrate these new ties by the nomination of reciprocal Representatives.

A good while ago, Bro.·. Amberny, Gr.·. Com.·. of the Sup.·. Coun.·. for Switzerland, had indicated to us the Masonic Body presided over by Bro.·. Juan A. Perez as the most active and serious.

Already in 1878, it invited the Spanish Mas.·. to collect around this Sup.·. Coun.·. Its wishes are accomplished, and, for our part, we hail with pleasure the establishment of this national authority, around which may come to cluster all those who are animated by a true Masonic faith, to found in Spain an only and single regular authority of the Anc.·. and Acc.·. Scott.·. Rite, to which all the Sup.·. Coun.·. will owe their support.

A protest against this new order of things has been sent to us by a Masonic Body which is claimed to have been constituted in the anc.·. and acc.·. Scott.·. Rite the 4th July, 1811, by the Count de Grasse Tilly, delegated for this purpose by the Sup.·. Coun.·. of Charleston. It has at present for Gr.·. Com.·. Bro.·. Gravina a General of the Spanish Navy.

This Sup.·. Coun.·. has never been much spoken of, and it certainly must have abdicated its authority; but for that it would have loudly demanded its rights long ago, so as to put an end to all divisions which have always existed in Spain.

It sent, it is true, a request for recognition to the Convention of Lausanne, but it was not admitted by that assembly, which deferred all decision on the regularity of the Mason.·.

Bodies which, in Spain, have always disputed with each other the supremacy.

The Sup.·. Coun.·. of Belgium does not, therefore, think it necessary to pay any attention to this protest, which does not rest upon any certain act.

Deciding upon the request for recognition preferred by Bro.·. Juan A. Perez 33d, the Sup.·. Coun.·. of Belgium, on the conformable conclusion of the Gr.·. Orat.·. declares that it will recognize as sole and only regular autority of the anc.·. and acc.·. Scott.·. Rite for Spain, the Sup.·. Coun.·. having for Gr.·. Com.·. Br.·. Juan A. Perez 33d, as soon as it shall have received from Bro.·. Josiah H. Drummond, Gr.·. Com.·. of the Sup.·. Coun.·. for the Northern Jurisdiction of the United States of America, the official notification that the Sup.·. Coun.·. of Spain has been recognized and that it has entered into relations of friendship and correspondence with him.

Note.—It will be seen by the extract of the previous pages of this No. of this Bulletin, that the Bro.·. de la Granja had no such powers **at all** from Bro.·. Drummond of his Supreme Council, as the Br.·. Perez represented him to have had, in his letter to the Supreme Council of Belgium.

As it cannot be supposed that he did not see and read the powers which de la Granja had, it is difficult to see how he is to escape the charge of willful and deliberate misstatement of fact in that letter, and in publications to the same effect. (a) The Supreme Council for the Northern Jurisdiction has **declined** to recognize the Perez-Manfredi Body.

The Bro.·. Amberny, Grand Comm.·. of the Sup.·. Council of Switzerland, it seems, assisted through want of knowledge as to the affairs of Spain, in misleading the Supreme Council of Belgium. In this, as in the matter of the Sup.·. Council of Turin it would have been wiser in him to look before leaping, and to know something about a controversy, before undertaking to decide it.

(*a*) Voir page 248 Southern Jurisdiction Vol. IV No. 1, les pouvoirs conférés à E. de la Granja 32e — (donc la lettre de Juan A. Perez aux SS.·. CC.·. est mal fondée — car il n'avait pas pouvoirs de créer un S.·. C.·.)

Ce qu'exposé, est officiel; le Sup.·. Cons.·. Juan A. Perez *est irrégulier en 1875, 1879, 1880*: donc, la *Patente du 31 Décembre 1875 irrégulière, de nulle valeur légale*.

Du même Bulletin page 494 nous relevons que le Sup.·. Cons.·. d'Amérique fait ressortir qu'il existait en Espagne aussi le Sup.·. Cons.·. presidé par le fr.·. Sagasta: il s'exprime à son égard, en ces termes: « A « Masonic Body, prohibiting political discussions, and « governing a hundred or more subordinate Bodies; « and Senor Mateo Praxedes Sagasta is a member of « the Cortes of Spain, and one of the leaders, if not the « chief leader, of the Democratic Party in the Cortes ».

Page 496, au sujet de l'Espagne: « there were and « are not *two* Sup.·. Councils only in Spain, but *four* « or *five* ».

Au sujet de l'Espagne encore nous relevons à la page 722 Bulletin du Sup.·. Cons.·. Southern Jurisdiction, Vol. IV, No. 3;

Que: le Sup.·. Cons.·. de l'Irlande, January 1881, dans son rapport annuel — *dit* : « I respectfully await « the decision of the Northern Jurisdiction before taking « any further step in this matter, feeling confident, as I « do, of the wisdom and Justice of the the Supreme Coun- « cil of the North ».

Cette déclaration du Suprême Conseil de l'Irlande démontre abondamment que le droit de décision sur la légalité du S.·. C.·. Juan A. Perez appartenait au S.·. C.·. du Northern Jurisdiction; ce S.·. C.·. *l'a déclaré irrégulier*.

Si le Sup.·. Cons.·. présidé par le f.·. Juan A. Perez était le seul pouvoir absolu pour l'Espagne, il aurait dû faire valoir ses droits auprès de tous les Suprêmes

Cons.·. confédérés et non accepter de s'unir au Sup.·. Cons.·. créé par les FF.·. Geronimo Couder (Nephtali) et Jacob Oreira (Gravina) lesquels lui disputaient la légitimité.

Ces deux Corps unis en formèrent un seul qui fut solennellement installé le 14 Septembre 1881.— Aux élections et installation il résulte que: Le f.·. Juan A. Perez n'a été élu que Lt. Gr.·. Commandeur et le fr.·. Panzano y Almirall (Caton de Utica) Souv.·. Gr.·. Comm.·.; qui a aussitôt annulé tous les décrets du f.·. Juan A. Perez.

Parconséquent non-seulement le fr.·. Juan A. Perez par cette adhésion a renoncé à être dans la Confédération, mais il s'est dissous et rayé de lui-même du Rôle comme Corps Maçonn.·.

On devrait donc conclure de tous ces faits officiels, que: Aucun Sup.·. Cons.·. confédéré du Rite Ecossais anc.·. et acc.·. conformément aux Grandes Constitutions de 1786 et à ce que convenu par les Sup.·. Con.. confédérés au Couvent de Lausanne en 1875 n'admettra le S.·. C.·. Juan A. Perez S.·. C.·. régulier.

Extrait de l'Official Bulletin of the Sup.·. Council Southern Jurisdiction Charleston, Vol. III, No. 1, page 216-17.

SUP.·. CONS.·. DEL 33.·. ED ULTIMO DEL RITO SCOZZESE ANTICO ED ACC.·.

No. 425.

Valle del Nilo, Or.·. d'Alessandria.

31 January 1876.

R.·. W.·. Brethren of the Sup.·. Council 33d of Charleston.

We have always sent you our publications and circulars since the recognization of our Gr.·. Orient, which feels very proud in claiming a right of fraternity from you. We possess for our constitutions of the Scottish Rite a Charter from the Gr.·. Orient of Naples, delivered to us in 1864, and we know very well that Body owes its existence to your M.·. Ill.·. Sup.·. Council, and yet not a word of encouragement has ever been addressed us from you.— etc. etc.

Signé : S. A. ZOLA.

F. F. ODDI Grand Master Sovr.·. Gr.·. Com.·.

Grand Secretary of the H.·. E.·.

Patente Ecossaise.

La Patente du Suprême Conseil de Naples, Valle del Sebeto, délivrée le 4 Septembre 1864 au T.·. Ill.·. T.·. Puiss.·. Fr.·. Domenico Sciarrone est celle qui a constitué l'ordre Ecossais en Egypte.

Voir page 516 du Bulletin Officiel du Grand Orient d'Egypte, fascicule 33—34, 1875.

Traité d'union entre Zola Grand Hiérofante Grand Maître du Grand Orient National d'Egypte, Suprême Conseil des Puissants Grands Conservateurs *ad vitam* de l'ordre Maçonnique de Memphis avec le Très Ill.·. Fr.·. Domenico Sciarrone 33.·. Grand Commandeur *ad vitam* du Suprême Conseil du 33.·. et dernier degré du Rite Ecossais ancien et accepté.

Le Fr.·. D. Sciarrone président de l'Ecossais signe 33.·. tandis que Zola 33.·. 96.·. Grand Hiérophante Gr.·. Maitre du Gr.·. Orient d'Egypte.

Le fr.·. Oddi signe Gr.·. Secrétaire 33.·. 95.·.

Le fr.·. Raffaele Scarozza Gr.·. Secr.·. adjoint 33.·. 95.·.

Nota. — Cette union est dissoute d'après le décret du 8 Mai 1876 - No. 77 bis. chaque Rite est libre indépendant et le Grand Orient est dans son état primitif Memphitique.

Concernant le Sup.·. Cons.·. d'Alexandrie.

Le Sup.·. Cons.·. d'Italie siégeant à Turin seul reconnu legitime au Couvent de Lausanne pour l'Italie est celui qui a fait reconnaître la légitimité du Sup.·. Cons.·. d'Egypte siège à Alexandrie.

Voir page 609, Vol. III, Bull. No. 2, *Charleston.* Lettre No. 474 de *Turin* à *Charleston* demandant de reconnaître le Sup.·. Cons.·. « already existing at Alexandria — as the sole, legitimate Supreme Masonic Authority of the anc.·. and acc.·. Scott.·. Rite for Egypte. »

Lettre signée :

DE MIBLITZ S.·. Gr.·. C.·.

LA SALLE GR.·. CHANG.·.
Acting Gr.·. Secr.·. Gen.·.

Voir page 611 : — *Washington* 19 Mai 1877 à *Turin* conseillant Turin de légaliser le S.·.C.·. d'Alexandrie:

« We have advised the re-constitution, by some « regular Council of that of Egypt, under special Com- « mission and by a member of the constituting Power. « The re-constitued Body could then adopt and confirm « all that have been done; and if your Council should « to re-constitute and regularize that of Egypt, it would, « no doubt, be at once recognized every where; &c.

Signé: A. PIKE S.·. Gr.·. C.·. »

Le Sup.·. Cons.·. d'Alexandrie ayant déclaré que outre la Patente de Naples, il en avait aussi obtenu une d'Espagne et une de Palerme, le Sup.·. Cons.·. de Charleston à ce sujet répond dans la même lettre, page

611 : « We have no knowledge of any legitimate Sup.·.
« Coun.·. of Spain, and we know that the Palermo
« BB.·. obtained their degrees from the Spurious Sup.·.
« Coun.·. of Louisiana.»

Voir même Vol. III, No. 3, page 615 - 616 No. 708 16 Dec., *Turin* à *Charleston* informe: « qu'en conformité de la voie indiquée dans la lettre du 19 Mai, le Sup.·. Cons.·. d'Italie siège Turin a commissionné le fr.·. Raffaele Scarozza de légaliser le Sup.·. Cons.·. d'Egypte sur les bases des Grandes Constitutions de 1786. »

Le S.·. C.·. de Turin précise quel Sup.·. Cons.·. et dit: « The Sup.· Coun.·. of Egypt has been constituted « at Alexandria since 1871 ».

Il faut se demander ceci:

Quel Sup.·. Cons.·. existait en 1871? et l'on verra que c'est celui qui a été fondé en 1864 (patente de Naples datée du 4 Sept.·.) —le S.·. C.·. de Naples a fait le traité d'alliance avec le S.·. C.·. de Turin en 1871 —les statuts du S.·. C.·. d'Alexandrie ont été imprimés décrétés le 7 Novembre 1871, et en 1875 à Lausanne le S.·. C.·. de Naples a été reconnu section du Sup.·. C.·. d'Italie: Naples est qualifiée par le Sup.·. Cons.·. de Turin, « Supremo Consiglio dei 33.·. di Rito Scozz.·. ant.·. ed acc.·. per la Valle del Sebeto Or.·. di Napoli Sezione di Torino ».

Devant cette situation exacte:

Peut-elle être valable la Patente d'Espagne du 31 Décembre 1875? Celle de Palerme prétendue délivrée à la date du 10 Septembre 1871?...

Les SS.·. CC.·. de Belgique et de France sont au

courant de la situation d'Egypte et ils sont à même de donner des informations aux SS.·. CC.·. de la Confédération. Le Sup.·. Cons.·. du Southern Jurisdiction Mère des Sup.·. Cons.·. confédérés, siège à Charleston, a reconnu l'Egypte siège à Alexandrie sur la demande de l'Italie —soit le Sup.·. Cons.·. Turin et n'a jamais reconnu le S.·. C.·. d'Alexandrie sur Patente Espagnole ni de Palerme.

Du dispositif de l'arrêt de la Cour d'Appel Mixte d'Alexandrie prononcé le 10 Avril 1902 dans le procès Zola contre hoirs Figari & Consorts.

« Attendu sur le point de savoir si le Suprême Conseil des 33.·. Rite Ecossais Ancien et accepté a été fondé en Egypte en 1876 seulement ou déjà antérieurement ainsi que le prétend Zola, que Hugo Lusena Bey présente les procès-verbaux du dit Conseil desquels il résulte que ce n'est qu'à la séance du 7 Mai 1876 à laquelle intervenait aussi Zola, que le Conseil a été proclamé définitivement constitué ;

« Que Lusena en déduit que les dépenses que Zola a pu avoir faites pour l'établissement et le maintien d'autres associations maçonniques de 1873 jusqu'à fin Mai 1875 et de l'établissement desquelles une Commission instituée par décret du 26 Mai 1875 du Grand Orient a été chargée, n'a pu concerner le Suprême Conseil susdit créé postérieurement

« Attendu que Zola soutient qu'un Suprême Conseil du Rite Ecossais avait existé en Egypte dès l'année 1872; qu'il semble en effet que la création d'un tel Conseil eût été contemplée en base d'une patente du Suprême Conseil d'Italie; que suivant procès-verbal du Grand Orient d'Egypte du 16 Août 1872, art. 2, il fut décidé de faire revivre le Rite Ecossais Ancien accepté et tolérer le philosophique ; qu'aux termes de l'art. 3 du même procès-verbal le Corps Conseil prenait le dénomination Supremo Consiglio dei 33.·. pel Regno d'Italia, sezione Valle del Nilo.

« Que ce Conseil n'est donc pas le même dont il s'agit en espèce qui porte la désignation Suprême Conseil des 33.·. du Rite Ecossais ancien accepté et qui a été fondé à la date sus-indiquée en base d'une Patente du Suprême Conseil d'Espagne du 31 Décembre 1875.

« Attendu du reste que, quelle que soit la date exacte de la fondation du Suprême Conseil en question, que Zola appuie sa demande en payement de francs 108.053 envers Lusena, Idris et Oddi tant personnellement qu'en leur qualité de membres du dit Conseil et envers les hoirs Figari ancien Grand Maître du Conseil, pris aussi tant personnellement que es-qualité, sur une déclaration du 2 Août 1885 signée par feu Figari.

. . . .

« Attendu en ce qui concerne le décret du 29 Octobre 1879 par lequel Zola usant de sa puissance illimitée, comme Souverain Grand Commandeur, prétend avoir mis une partie de la dette précédemment contractée par la Grande Loge à la charge du Suprême Conseil des 33.·. que, quels qu'aient pu être les pouvoirs de Zola dans les relations internes des affiliations et corps maçonniques d'Egypte dans leurs manifestations, ils n'ont jamais pu s'étendre à la vie civile et être de nature à créer des obligations de droit commun ;

. . . .

« Qu'il n'en est pas autrement pour Oddi qui n'a figuré dans les documents invoqués par Zola que pour les contresigner en sa qualité de Grand Chancelier, mais qui n'a contracté aucun engagement personnel.

« Attendu en ce qui concerne Lusena et Idris qui n'ont fait partie du Suprême Conseil qu'à partir de l'année 1891, qu'ils ne sauraient être tenus par leur réception à aucun autre engagement en dehors de ceux que leur imposaient les statuts auxquels ils se sont librement et volontairement soumis. »

Note. — C'est douloureux d'avoir vu une question pareille portée par devant les Tribunaux Civils. Le fait est, que si le regretté Figari aurait été encore en vie, il n'y aurait pas eu procès et on n'aurait pas été témoins de plaidoiries et conclusions scandaleuses entre les parties.

Il résulte clairement que les intimés se déclarent et se sont déclarés S∴ C∴ créé *postérieurement* en base d'une Patente du 31 Décembre 1875 du S∴ C∴ d'Espagne. Et que les intimés Ugo Lusena Bey et Idris Bey Ragheb ont été admis en 1891 à ce S∴ C∴ Espagnol.

Par conséquent nous devons dire : que le S∴ C∴ légitime est celui d'Alexandrie — œuvre de l'Italie, existant dès 1871 à Alexandrie et qui a été légalisé par le Sup∴ Cons∴ d'Italie siège Turin alors, et c'est le seul qu'a reconnu le Sup∴ Cons∴ de Charleston, mère des Sup∴ Conseils du 33∴ Rite Ecoss∴ an∴ et accepté.

L'ill∴ fr∴ Abbate Pacha pourrait-il nous dire comment il a eu cette Patente d'Espagne et en vertu de quels pouvoirs ?. .... ? ? ?

Nous souhaitons, qu'il nous évitera de le lui dire.

Les frères Maçons de n'importe quel degré, de n'importe quelle obédience, qui voudront se renseigner et s'édifier sur cette situation documentée officiellement, seront toujours fraternellement reçus au Grand Secrétariat du Sup∴ Cons∴, siège à Alexandrie.

www.ingramcontent.com/pod-product-compliance
Ingram Content Group UK Ltd.
Pitfield, Milton Keynes, MK11 3LW, UK
UKHW020419220726
13923UKWH00005B/2054

9 782019 231613